Richard Preuss

Stilistische Forschungen über Gottfried von Strassburg

Richard Preuss

Stilistische Forschungen über Gottfried von Strassburg

ISBN/EAN: 9783743425675

Hergestellt in Europa, USA, Kanada, Australien, Japan

Cover: Foto ©Thomas Meinert / pixelio.de

Manufactured and distributed by brebook publishing software (www.brebook.com)

Richard Preuss

Stilistische Forschungen über Gottfried von Strassburg

STILISTISCHE FORSCHUNGEN

ÜBER

GOTTFRIED VON STRASSBURG.

INAUGURAL-DISSERTATION

ZUR ERLANGUNG

DER PHILOSOPHISCHEN DOCTORWÜRDE

AN DER

KAISER-WILHELMS-UNIVERSITÄT STRASSBURG

VON

RICHARD PREUSS
AUS TILSIT.

STILISTISCHE UNTERSUCHUNGEN ÜBER GOTTFRIED VON STRASSBURG.

Die wissenschaftliche Beschäftigung mit den höfischen Kunstepen aus der Blüthezeit unserer mittelalterlichen Literatur hat bisher auf das stoffliche Interesse, auf die Frage nach den Quellen des in jenen Gedichten dargestellten sagen- oder märchenhaften Stoffes und die damit zusammenhängende Frage nach der grösseren oder geringeren Selbstständigkeit des einzelnen Dichters gegenüber seiner Quelle ihr Hauptaugenmerk gerichtet. Namentlich für die bedeutendsten jener Dichter, für Hartmann, Wolfram und Gottfried, ist nach dieser Richtung wenig zu thun übrig. An Wolfram hat der ehrwürdige San Marte die Arbeit eines Lebens mit treuer Hingebung gewendet, und neueren Forschungen ist es gelungen, das Dunkel, das über den Quellen unsres grössten mittelalterlichen Dichtwerks lag, soweit zu erhellen, als es überhaupt möglich sein dürfte. Um Gottfried hat sich Heinzel mit seinem scharfsinnigen Aufsatz: „Gottfrieds von Strassburg Tristan und seine Quelle" (Haupt's Zeitschrift 1876) bleibende Verdienste erworben und in neuester Zeit hat Kölbing in seiner Schrift „Zur Ueberlieferung der Tristansage" (Einleitung zu „Tristrams Saga ok Isondar" 1878) die Untersuchung zu einem wenigstens vorläufigen Abschluss geführt. Für Hartmanns Werke endlich, deren Quellen offener zu Tage liegen, ist von verschiedenen Seiten Verdienstliches geleistet worden. Weniger ist bisher die stilistische Seite jener Dichtungen ins Auge gefasst und die Frage nach dem jedem einzelnen Dichter in Sprache und Darstellungsweise Eigenthümlichen, sei es nun Produkt der Individualität und der Lebensumstände oder mehr äusserlich angeeignete traditionelle Form, ist nur erst selten in den Kreis der Untersuchung gezogen worden. Nur Wolframs Reichthum und Originalität hat zu Einzeluntersuchungen über die Eigenthümlichkeiten seines Stils angeregt. Vor allem nenne ich die geistreiche kleine Schrift von Bock: „Wolframs von Eschenbach Bilder und Wörter für Freude und Leid" (QF. XXXIII), ferner die Zusammenstellungen von Förster „Zur Sprache und Poesie Wolframs von Eschenbach" 1874 und Kinzel „Zur Charakteristik des Wolfram'schen Stils" 1873, endlich Bötticher „Ueber die Eigenthümlichkeiten der Sprache Wolframs" (Germ. XXI, S. 257 ff.) Hartmanns Stil ist, abgesehen von den in den Anmerkungen zum Erec und Iwein niedergelegten stilistischen Beobachtungen, fast ausschliesslich unter dem Gesichtspunkt der inneren Chronologie seiner Werke berücksichtigt. Namentlich erwähne ich den trefflichen Aufsatz von Neumann „Ueber die Reihenfolge der Werke Hartmanns von Aue" (Haupt's Zeitschr. XXII, S. 25 ff.) Eine besondere Eigenthümlichkeit seiner Darstellungsweise fasst ins Auge Faust „Ueber dichotomische Responsion bei Hartmann v. Aue" (Haupt's Zeitschr. XXIV, 1 ff.). Am wenigsten ist der Stil des dritten Meisters höfischer Erzählungskunst, Gottfrieds von Strassburg, zum Gegenstand wissenschaftlicher Behandlung gemacht worden. Ausser den eindringenden, doch mehr gelegentlichen Beobachtungen in Heinzels schöner Abhandlung „Ueber Gottfried von Strassburg" (Zeitschr. für die österr. Gymn. 1868 S. 533 ff.) und Scherers glänzender Charakteristik in der „Geschichte des Elsasses" wüsste ich nur die Bemerkungen von Kottenkamp über das ἓν διὰ δυοῖν bei Gottfried in seiner Abhandlung „Zur Sprache und Kritik des Tristan" 1879 und vereinzelte Bemerkungen Pauls in seinen textkritischen Erörterungen (Pf. Germania 17. S. 305 ff.) zu erwähnen. Die Anmerkungen des neuesten Herausgebers Bechstein beschränken sich, dem Zweck der Ausgabe gemäss, nur auf das Nächstliegende. Diese Vernachlässigung des neben Wolfram bedeutendsten und auf die Folgezeit einflussreichsten Vertreters der höfischen Epik kann wohl nur darin ihren Grund haben, dass die Aufmerksamkeit auf stilistische Dinge überhaupt erst seit kurzer Zeit mehr in den Vordergrund getreten ist. Denn, ausgenommen Wolfram, tritt uns kein deutscher Dichter des Mittelalters mit einer so reich und originell ausgestatteten Individualität entgegen und kein anderer hat die individuelle Geistesrichtung in so markanten, charakteristischen Stilformen ausgeprägt und seinem Werke eingeprägt wie der gelehrte, subtil geistreiche und zu moderner Sentimentalität hinneigende Dichter des Tristan. Eine umfassende Darstellung und Analyse des Gottfried'schen Stils wäre daher eine lohnende Aufgabe, die jedoch zu ihrer befriedigenden Lösung umfassendere Vorarbeiten und einen in stilistischen Beobachtungen geübteren Blick zu erfordern schien, als sie dem Verfasser nachstehender Erstlingsarbeit zu Gebote standen. Nur einige von Gottfried besonders bevorzugte Stilmittel will er im folgenden untersuchen und, unter Berücksichtigung der Vorgänger des Dichters auf dem Gebiete des höfischen Epos. das ihm eigenthümliche und für seine dichterische Individualität charakteristische herauszustellen versuchen. Folgende Punkte sollen als der Gottfried'schen Darstellungsweise mehr oder weniger eigenthümlich und für die Erkenntniss der Quellen seiner Bildung von Interesse hervorgehoben werden:

I. Allitteration.
II. Antithese.
III. Rhetorische Stilmittel — Anaphora, rhetorische Frage, Anrede an die Zuhörer u. dgl.
IV. Gleichniss, Bild und Metapher.
V. Anklänge an volksthümliche Dichtung und Anschauungsweise.
VI. Didaktisches.

I.

ALLITTERATION.

Es lag ursprünglich im Plane dieser Abhandlung, mit einer Betrachtung des Gottfriedschen Wort- und Reimspieles, dieses von ihm so charakteristisch ausgebildeten, seinen Stil völlig beherrschenden und durchdringenden Kunstmittels, zu beginnen und derselben, gleichsam nur anhangsweise, das Capitel über die Allitteration folgen zu lassen. Denn beide Erscheinungen haben ihre gemeinschaftliche Wurzel auf derselben Seite von Gottfrieds dichterischer Individualität, sie entspringen seinem Hang zur spielenden Behandlung des Wortmaterials, seiner Lust an der tönenden Wirkung der Rede; ein, man möchte sagen, musikalisches Prinzip sucht sich in beiden zur Geltung zu bringen. Da mir jedoch zur Kenntniss gelangte, dass über den ersten Punkt, das Wort- und Reimspiel, von anderer Seite bereits eine Spezialuntersuchung vorbereitet worden ist, die den Gegenstand eingehender behandelt als es im Plan dieser Abhandlung gelegen hatte, so schien es angemessen, hier nicht weiter darauf einzugehen und sogleich mit dem Abschnitt über die Allitteration zu beginnen.

Wie kein andrer Dichter unsrer mhd. Blüthezeit liebt es Gottfried, seine Verse mit Alliteration zu schmücken, und wir können beobachten, wie er im Verlaufe seiner dichterischen Thätigkeit dieser Neigung in immer grösserem Masse nachgibt und es in der Handhabung dieses Kunstmittels zu immer gesteigerter Virtuosität bringt.

Fast immer sind es 2 Wörter derselben syntaktischen Funktion, die, in einem Verse verbunden, meist von gleicher oder nur schwach nüancirter Bedeutung, durch den gleichen Anlaut noch näher zu einander gerückt werden. Nur in der einen, freilich um so häufigeren Verbindung von *liep* und *leit* werden kontrastirende Begriffe allitterirend neben einander gestellt. Viele dieser Wortpaare sind formelhaft und als alt-überliefertes Erbgut der Sprache von allen mhd. Dichtern gerne gebraucht; so *liute unde lant, liep unde leit, mâge unde man* u. a. Gottfrieds Sprache geht über diesen Gebrauch weit hinaus; nicht nur jene altüblichen Formeln wendet sie im weitesten Umfang an, sondern fügt ihnen aus eigenen Mitteln eine nicht geringe Zahl ähnlicher Verbindungen hinzu. Zuweilen beruht der gleiche Anklang darauf, dass die so verbundenen Wörter ein und derselben Wurzel angehören und dann berührt sich der Gebrauch mit dem der Wortwieder-

holung. Am häufigsten jedoch ist die Alliteration eine uneigentliche, d. h. dadurch herbeigeführte, dass Wörter verschiedenen Stammes, meist verba, mit gleichen Vorsatzpartikeln versehen werden. Ich unterscheide demnach:
a) Formelhafte, auch sonst übliche Verbindungen allitterirender Wörter.

b) Nicht formelhafte Verbindungen gleich anklingender Wörter, sei es, dass sie derselben oder verschiedenen Wurzeln entstammen.

c) Wortverbindungen, welche durch gleiche Vorsatzpartikeln eine der Allitteration ähnliche Wirkung hervorbringen.

a) Gottfried bedient sich einiger der altepischen allitterirenden Formeln mit besonderer Vorliebe. Es sind dies die Verbindungen von:

liep und *leit*: 206; 11735; 12391; 17503; 17516; 18008; 18327; 19485.

lip und *leben*: 2417; 4995; 6768; 6791; 7492; 7919; 8297; 8395; 8477; 8727; 9964; 11973; 12849; 18022; 18301; 18303; 18346; 18348; 18366; 18438; 18507; 18524; 18526; 19475; 19477.

laster und *leit*: 6019; 6481; 7247; 12256; 12475; 14297; 16581.

liute und *lant*: 463; 1567; 1591; 1766; 1891; 2133; 4179; 5122; 5284; 5289; 5852; 6445; 6780; 7182; 8488; 8910; 11534; 12683; 13095; 13097; 13160; 13340; 13646; 13697; 13934; 14224; 15759; 16316; 16546; 16785.

man und *mâge*: 1627; 4199; 5299; 5750; 5764; 9258; 11315; 11355; 14043.

gebote und *bete*: 525; 6252; 7671; 11391; 12843; 14299; 14547; 14881; 15319; 17717.

minnen und *meinen*: 1111; 11787; 17733; 18066; 19150; 19154; 19305; 19315; 19463; 19546.

besingen unde besagen: 4775.

wint unde wâe 2460; *über stoc und über stein* 2566; *samet unde sunder* 13148; 16299.

b) Andere durch Alliteration enger geschürzte Verbindungen synonymer oder begrifflich verwandter Wörter:

gült unde guotes die kraft 353; *lêr unde geleite* 70;

sîn houbet und sîn hâr 713; *sîne sinne und sîne site* 938; *muot unde maht* 3870; *ze wunsche und ze wunder* 4946; *leides unde linge* 5074; *iuwer lust und iuwer leben* 6085; *über velt und über gevilde* 8939; *diz laster und die lüge* 11343; *ein wunder unde ein wunne* 11009; *in wazzer und in winde* 11654; *des mannes und der minne* 11853; 11844; 1066; 1347; *ir triure und ir trahte* 12162; 15793; 15797; *in die wüeste und in die wilde* 12773; 16768; *den fluz und die flieze* 13277; 13371; *schade unde scham* 13430; *âne meine und âne muot* 13905; *muot unde minne* 16824; 19172; 14229; *sîne lüge und sîne lâge* 14266; 14372; *mit rüege und mit râte* 15114; *disen liument unde dise lüge* 15467; *mit staben und mit stecken* 15604; *roup unde rise* 15973; *sîn gelücke und sîne linge* 16197; 18459; *gespilen unde gesellen* 16435; *lâg unde list* 16551; *liebe unde leben* 16622; *weid und wunne* 16759; *noch slôz noch slüzzel* 16998; *von gehürne und ouch von hunden* 17325; *der selbe distel unde der dorn* 17935; 18109; *hend unde herze* 18193; *fluht oder flêhen* 18914.

Adjektiva und Adverbia: *frô unde sêre fröudehaft* 586; *frech unde fruot* 641; *noch frî noch fröudehaft* 986; *wie lustic und wie lobesam* 6566; *lieht unde lûter* 6682; *rîch unde rôt* 8894; 8896,7; *sô griulîch und sô grimme* 9054; *alsô griulîch und als grôz* 9103; *gelustic unde gelängic* 10072; *sinnec unde saelic* 10332; *frô und aller sorgen frî* 10992; *frô unde fruot* 13461; 14059; *freislîch und freissam* 13519; *holt oder heinlîch* 15296; *gefüege und gevallesam* 15425; *frî unde frôlîch* 15778, *enwette unde enwiderstrît* 16897; 18750; *senelîchen und suoze* 17211; *suoze unde senelîche* 17221; *sô lustic und sô lussam* 17611.

Verba: *umbe trîben unde tragen* 1029; *yevellet unde geveiget* 1669; *rûm' unde reine* 4915; *ein dinc lob ich und leiste dir* 5150; *bezzern unde büezen* 5234; 14864; *vâhen unde vellen, slahen und stechen* 5596 f.; *zogen unde ziehen* 5608; 18386; *lîhen unde lân* 5802; *besuoche unde besche* 8863; *ervorsche und ervinde* 8866; *geswachet unde geswichen* 9474; *bereite unde berihte* 11435; *si swachet unde swaeret* 12292; *liebe armet unde altet, si kuolet unde kaltet* 13067 f.; *gemache unde gemêre* 13946; *bleichen unde blîchen* 14322; *gestreichet unde gestrichen* 17542; *kallende unde kôsende* 19247.

In allen diesen Fällen haben die durch Alliteration verbundenen Wörter gleiche grammatische Form. Seltner erscheint die Allitteration bei einem Subst. und seinem Adj.: *mit tägelîchen tugenden* 521; *diu senfte süeze sumerzît* 544; *in dirre süezen sumerkraft* 679; *ir siuften und ir süezen segen* 799; *der minnende muot* 841; *senediu sorge* 934; *der minnende man* 1090; *stähelînen stangen* 15980; *der sigesaelige man* 16180; 16216; *mit dem gewissen willen* 16434; *mit disen reinen rigelen* 17032; *in dirre wüesten wilde* 17077; 17471; *got den guoten* 17620; *mit der glimmenden gluot* 19050; *ein triurelôser Tristan* 19468; oder bei zwei Adj.: *der hövesche hôhgemuote* 626; oder beim attributiven Genetiv und dem regierenden Subst.: *aller kriute kraft* 6953; oder bei einem Subst. oder Verbum und ihren näheren Bestimmungen: *dâ mite der muot z'unmuoze gât* 78; *diz leit ist liebes alsô vol* 115; *derne var niht verrer danne her* 124; *er was der werlde ein wunne* 254; *ze wunsche gewarnet* 605; *swes gelieben gelanget* 12370; *der ritter mit der rotten, der hêrre mit der harnschar* 13176 f.; *daz meinet an der minne* 17027; *und wizze waerlîche daz* 17909; *und ist ein man mit muote* 17979; *diu manegem minne sinnet, ist manegem ungeminnet* 18047 f.; *trôst ze sîner triure* 18421.

c) Synonyme oder begrifflich verwandte Wörter werden durch gleiche Präfixe allitterirend verknüpft.

α) Verba:

ge: gevêhet unde geparrieret, sus und sô gefeitieret 669 f.; *gehoeret unde gesiht* 995; *getaget unde gejâret, gebartet unde gehâret* 2623 f.; *geliutert unde gereinet* 4701; *gewâget unde geveilet* 9965; *gelobete unde gewissete* 12102; *getriben unde gejaget* 12284; *geschoenet unde gezieret, ze wunsche gecordieret* 13125; *gesteinet unde gewieret* 16951; *gestrichen unde geflohen vor* 17345; *gewerdet unde geschoenet* 18671; *generen oder gevristen* 18912.

be: benennet unde besprochen 535; *beklagete und ouch beweinete* 1169; *bewaeren unde bereden* 5447; *beschirmete unde behuote* 6050; *bemerken unde betrahten* 9337; *besetzet unde be-

scheiden 11020; *bedâhte unde besach* 11994; *beware unde behüete* 12848; *besetzet unde bevangen* 15091; *beswaeren noch betwingen* 16605; *si beredeten unde besageten, si betrûreten unde beklageten* 17191 f.

ver: vernozzen unde verselwet 4001; *versuochet unde verprîset* 4925; *versellen unde versachen* 6149; *vertrîben unde verjagen* 12264; *verwortet unde vernamet* 12289; *versunken unde vervallen* 14149; *vermiten unde verbaeren* 17723; *versigelt unde verslozzen* 17822.

zer: zersniten unde zerhouwen 673; *zerloesen unde zerlân* 2461; *zeteilen und zesenden* 19458; *zerteilen und zerlân* 19462.

under: underworht und underbriten 2539.

durh: durhvärwet und durhzieret 4623.

er: ervlêhet unde ernoetet 12897.

β) Substantiva.

ge: von gehâre und von gelâze 5001; *sîn gewerp und sîn gerinc* 10461.

un: unguot und unfruht und unart 12247; *unhövschheit und unfuoge* 13172.

λ) Adjektiva:

ge: gevellec unde gebaere 5420; *gefriunt unde geman* 9194; *alsô gelîp, alsô geartet unde gemuot* 9872 f.; *getriuwe unde gewaere* 12332; *sô getriuwe und sô geminne* 12948; *sô geherze und sô gemuot* 13343.

be: beträhtic unde bescheiden 5754.

eben: ebengelîch, ebenziere und ebenrîch 4987 f.

un: unlîdec unde unsenfte 7957.

durh: durhsihtic und durhlûter 16988.

Werfen wir einen Blick auf Gottfrieds Vorgänger im höfischen Epos, so finden wir allitterirende Verbindungen bei Eilhart von Oberge [1] nur selten und ohne bewusste Absicht

---

[1] Dass Gottfried das Werk seines Vorgängers in der Bearbeitung der Tristansage kannte, hat Lichtenstein QF. p. CXIV ff. aus gelegentlich gleicher Einkleidung derselben Gedanken bei beiden Dichtern nachgewiesen. Zu den dort angeführten Uebereinstimmungen füge ich noch folgende hinzu, die kaum zufälliger Art sein können, da z. Th. selbst die Reimwörter dieselben sind. Ich stelle die korrespondierenden Stellen einander gegenüber:

stilistischer Wirkung. Gehäufter wendet sie Veldecke an, der hierin Gottfrieds Vorbild gewesen sein mag. Von formelhaften Wendungen finden sich bei ihm: *mâge unde man* 19,

Eilh. 988 ff.	der koning über al gebot daz sich die wigande vlizzen in dem lande, swer von Kurnevales quême, daz man im den lip néme. joch bat er sîne libin holdin daz si wol bewarin woldin, swaz man ir gевinge daz man die balde hinge oder si slûge âne rehtes zil. do erslûg man ir vil die nie schuld daran gewunnen.
Gottfr. 7209 ff.	Gurmûn dô trûren began und hiez gebieten al zehant über al daz riche ze Irlant, daz man genôte naeme war, swaz in der werlde lebendes dar von Kurnewâle kaeme,
7225	daz man im den lip naeme biz maneger muoter kint dâ van unschuldeclichen schaden gewan.
Eilh. 1140 ff.	dem richen koninge Marke nie sô leide geschach: dô er sînen liebin nebin sach von dem stade vlizen einen sîne rûwe was niht kleine.
Gottfr. 7374 ff.	nu si geschiffet haeten und Marke nâch Tristande sach, sin kurzewile und sin gemach, ich weiz wol, daz was kleine.
Eilh. 2336 ff.	Tristant dô schîre begunde gân zu sîner vrauwin. he wolde hôren unde schauwin ob si noch varin torste.
Gottfr. 11664 ff.	nu gienc ouch Tristant zehant begrüezen unde beschouwen die liehten sîne vrouwen.
Eilh. 7878 ff.	mich wundert wes er denkit der sînes wibes hûtet, wen stât ir ir gemûte

11; 129, 13; 130, 2; 150, 30; *lût unde lant* 26, 9; 31, 4; 116, 38; *weter unde wint* 29, 24; *sige unde saelde* 45, 31; *mit worten und mit werken* 55, 37; 222, 12; 350, 24; *mit berlen und mit borten* 60, 3; *mîn schaden und mîn schande* 77, 37; 152, 25; 303, 1; *ir gebot und ir bete* 163, 11; 353, 31; *gebieten unde biten* 157, 3; 189, 9; 191, 34; *in stormen und in strîten* 257, 11; *an hâre und an der hûte* 350, 19; *mit gewâfen unde mit gewande* 174, 27. Andre allitterirende Wendungen meist tautologischer Art: *si brâchen die borch unde branden* 47. 15; *worhten unde wahten* 119, 7; *si hiewen unde hûben* 119, 15; *habe unde behalde* 52, 7; *verren unde vermîden* 263, 15; *diu naht zegleît unde zergienk* 52, 26; *gestreichen noch gerûren* 61, 21; *gesichert unde gesworn* 124, 21; *gefûren, getriben unde getragen* 137, 32 f.; *gerûweten unde gelâgen* 215, 17; *gestadeget unde gesworen* 266, 21; *gesach unde gelas* 290, 3; *gesaget unde gescriben* 348, 2; *wol behûtet und wol bezogen* 161, 22; *bestatet unde bevolen* 191, 9; *bedahtet unde berietet* 257. 13; *begrabete unde bemûrde* 349, 9; *befrideten unde berihten* 350. 39; *versaget unde verkoren* 65, 29; *verhêret unde verbrant* 139, 12; *verswigen unde verholn* 158. 3; *verzêret unde vergeben* 347, 25; *dorchslahen noch dorchstechen* 159, 30; 326, 29. Auch Adj. allitteriren: *brûn unde breit* 147, 12; *grimme unde grôz* 325, 39.

Von Hartmanns Gedichten will ich hier nur den Iwein berücksichtigen, der uns des Dichters Art am reinsten und ausgebildetsten zeigt. Wir beobachten, dass auch in der Anwendung allitterirender Verbindungen, soweit dieselben althergebracht und formelhaft sind, Hartmann sich in seinem letzten Werke mehr Beschränkung als früher auferlegt hat. Von formelhaften finden sich im Iwein nur folgende: *bete und gebot* 238; 3086; 4781; *laster unde leit* 693; 1007; *laster-*

Gottfr. 17872 ff.	*niht willeclîchen dar,* *sô mag er nimmer si bewarn* *mit allen sînen sinnen.* *und doch, swar man'z getribe,* *huot ist verlorn an wîbe,* *dar umbe daz dehein man* *der übelen niht gehüeten kan.*

liches leit 714; *schaden unde schande* 2029; 3987; 4981; *leben unde lip* 2422; *liep unde leit* 2713; 8115; *liut unde lant* 2889; 7715; *lip unde lant* 3158; 4998; *ich lobetez unde leistez sit* 382.

Weniger formelhaft ist: *von manheit und von milte* 1457; *sine kunst und sine kraft* 1687; *were unde willen* 2696; *untriuwe ode ungemach* 3122; *wirde unde wirtschaft* 6554; *saelde unde sin* 6816; *vreude unde vriuntschaft* 7765; *durh dorne und durh gedrenge* 268; *rehte unde redeliche* 1799; *nâch rehtem gerihte* 5015; *schemelichin schande* 2490. Allitteration ist wohl auch beabsichtigt 2431 *suln die mit liebe lange leben;* 409 f. *mit grimme, mit griulicher stimme.*

Von gleichzeitigen Dichtern sei Albrecht von Halberstadt erwähnt, der sich in seiner Uebertragung der Verwandlungen Ovids gleichfalls in der Verbindung allitterirender Worte gefällt. So *die wilden wazzer I*, 550; *ûf wildem wâge XXV*, 125; *mit sûzem sange XXIII.* 1; 74; *ir spüle und ir spille XV*, 104; *der schaden und die schande XXXIII*, 164; *minnen unde meinen XXXII*, 148; *crevel unde crech VI*, 75; *ir gelinge hât er leit VI*, 170; *der troum si trûrec machte, wan si dâmite betrogen ... XXI*, 54; *zurissen, zuhouwen unde zuslizzen XVI*, 389 f. u. ähnl.[1]

---

[1] Ob Albrecht, dessen Werk 1210 angefangen und vollendet ward, den Tristan gekannt hat, lässt sich mit Gewissheit nicht ausmachen, doch ist es mir in hohem Grade wahrscheinlich. Die Verwendung der Allitteration beweist natürlich nichts, denn ausser früheren einheimischen Vorbildern kann hier Ovid selbst von Einfluss gewesen sein. Doch anderes ist wichtiger. Es finden sich bei Albrecht Wortwiederholungen ganz in Gottfrieds Art; z. B.:
    I, 101 f. *ouch wart geschaffen der wint:*
           swaz winde in der luft sint ...
    I, 957 f. *er rief ûz herzen tiefe .*
           swie vil er ir riefe ...
So noch I, 988 ff; 1070 ff.; XXI, 397 f.; XXVI, 69 f. Einfachere Wortwiederholungen ohne Binnenreim z. B:
    VI, 47 f. *der gote bote vrône.*
           mit gotelicher schöne ...
    X. 264 f. *bit ich od bitet man mich?*
           swez ich biten daz hân ich.
Aehnlich XIII. 265 f.; XIX, 487 ff.; XXV, 109 f.; XXVI, 34 f.

Im weitesten Umfange verwendet die Allitteration Otte, der Dichter des Eraclius. Es hat bisher nicht gelingen wollen, die Zeit der Abfassung dieses Gedichtes zu bestimmen. Dass

Wiederholung mit Umkehr der Wortfolge:
X, 297 f. *dô sach er des schate niht mêre.*
dô er des schate niht mê sach ...

Ferner, um hier einiges für Gottfried erst im folgenden zur Sprache kommende vorweg zu nehmen, die häufige Gegenüberstellung entgegengesetzter Begriffe, namentlich kontrastirender Affekte, So I, 640 f. *nu hân wir vroude unde ungemach | unze ûf disen tac gehât.* X 266 sich *mischet vroude unde herzeleit* u. ö.

Streitende Gefühle sind, wie häufig bei Gottfried, unter dem Bilde eines Kampfes dargestellt. So I, 1205 ff.:

sus gewan er einen s t r î t
mit im selben bêdersît,
wan die minne werte,
des sin wîp gerte:
andersît die scham riet,
daz er siez verzige niet.

Die Gegenüberstellung von *minne* und *scham* ist hier freilich aus Ovid herübergenommen (Met. I, 618), doch erinnert die Ausführung der Antithese an Gottfried. Aehnlich XIX, 515 ff.

dô daz (viwer) mit kreften bran,
den brant si vierstunt rûr zô
und wolt in hân verbrennet dô
sô aber ez brinnen began,
zuhtes in vil schiere dan.
alsus v â h t e n zusamen
in e i n e m herzen z w ê n e namen,
die swester vur die bruder,
vur daz kint die muder.

Auch hier liegt Ovid zu Grunde, Met. VIII, 463 f. *Pugnant materque sororque et diversa trahunt unum duo nomina pectus.* Man darf wohl annehmen, dass auch für Gottfried der römische Dichter hier das Vorbild abgab, doch in der Ausführung scheint Albrecht sich an jenen angelehnt zu haben. Das Bild vom Schiffe, das bei Ovid und seinem deutschen Bearbeiter auf jene Verse folgt (Ovid VIII, 470 ff. — Albr. XIX, 539 ff. *als ein schif von winde, ... sus s t r e i t die wankelmûte, die muter vur die gûte, vur den arc die swester)* findet sich auch bei Gottfried 19358 ff.; vgl. auch 8098.

Noch eine andere Art der Antithese, die Gottfried ungemein liebt, findet sich ebenfalls oft bei Albrecht. Z. B.:

Wolfram es gekannt hat, möchte ich aus Parz. 773, 22 nicht schliessen, denn Wolfram konnte den Roman von Eraclius auch anderswoher kennen oder den Namen derselben Quelle entnommen haben wie die der anderen an jener Stelle genannten Weisen. Ebensowenig lässt sich freilich erweisen, dass Otte den Parzival gekannt, wenn man nicht den Vergleich der Kämpfenden mit Schmieden (Eracl. 4786 ff. *die slege giengen vil bereit | beide ze berge und ze tal | gein einander vil gezal | in allen den gebaeren | wan si smide waeren*) als einen genügenden Beweis dafür ansehen will. Wolfram hat im Parzival den Vergleich 3 mal (112, 28; 210, 4; 537, 27) und immerhin ist es möglich, wo nicht wahrscheinlich, dass der gelehrte und belesene Dichter des Eraclius ihn daher entlehnt. Sonst zeigt sein Stil keine Anlehnung an Wolfram'sche Art, er erzählt einfach, glatt und geschmackvoll. Auch von den Auswüchsen des Gottfried'schen Stils hält er sich frei, obgleich er den Tristan höchst wahrscheinlich gekannt und sich Manches von Gottfrieds Art angeeignet hat. Er hat, wie schon erwähnt, die Allitteration, besonders die durch gleiche Verbalpräfixe bewirkte, in grossem Umfange: *behouwen unde besnîden* CXXXI; *verswigen unde verholn* 255; *besigelt und bevalten* 301; *gelobet unde geleistet* 811; *getihtet, geschriben unde gerihtet* 1679 f.; *geráten unde geléret* 2625;

XXXII, 154. *ich minnet in, sam tet er mich.*
X, 198 ff. *dicke er von geluste*
daz bilde im brunnen kuste:
dâ wider kuste ez ouch in.
Aehnlich X. 232 u. ö. Andre Antithesen, wie I, 648 ff.; 1025 ff.; XXXV, 150 ff.; 156 f., sind aus Ovid herübergenommen.
In dem Abschnitt, der über Gottfrieds Bilder und Metaphern handelt, wird sich zeigen, dass auch hierin Albrecht manches mit jenem gemeinsame aufweist. Besonders auffallend ist, weil gleiche Reimworte zeigend, die Uebereinstimmung von Trist. 14768 ff. *der eine, dem dâ wart | der erste rôsenbluome | von minem magettuome* und Albr. XX. 241 f.: *Neptûne, dem die blume | wart von mim magettûme.* Vgl. ferner Gottfr. 7324 f. *under zwein übelen kiese man, daz danne minner übel ist* und Albr. XVIII, 109 *doch sol man âz wein bösen iez daz beste ôsen.* Erwähnt sei noch: *der rálandes man* XVI, 211; XXXII, 391; *der rálant* XXXIII, 162; 195; 203; beides auch im Tristan häufig.

erkom und erschrac 3141; *betwingen oder bekêren* 3634; *iwer bete und iur gebot* 454; 4333; *durch schaden und durch schande* 4389; *daz beste und daz boeste* 703; *brûn unde breit* 1193; *witzec unde wîs* 4980; *solt ein wîser umb ein wîp wünschen nâch sîner wal* 2052 f.; *und wizzet waerliche daz* 4167 (vgl. Trist. 17909); *manlichen muot* 4505; *man spien im um sîne sporn* 4713.[1]

---

[1] Für die oben ausgesprochene Vermuthung, dass Otte den Tristan gekannt, erübrigt noch der Beweis, soweit bei solchen Dingen ein Beweis möglich ist, wo nicht strickte Belege vorhanden sind. Die Allitteration allein würde nicht genügen, ebensowenig die sentenziöse Art des Dichters und seine Neigung, die Handlungen seiner Personen aus der allgemeinen menschlichen Natur zu erklären; das mag in der auf Belehrung gerichteten Tendenz des geistlichen Dichters begründet sein. Auch darauf möchte ich kein Gewicht legen, dass die im Eraclius eingeflochtenen allgemeinen Gedanken sich vielfach mit denen Gottfrieds berühren, da es allgemein bekannte, in jener Zeit oft wiederholte Wahrheiten sind. Ich erwähne nur Eracl. 1114 ff. *ez was ie der boesen site daz si übel sprâchen undn westen waz si râchen*, ein Gedanke, der im Tristan öfters wiederkehrt. Ferner Eracl. 2338 ff. *diu liebe kan wol blenden | den man daz er niht ensiht | und nimt im doch der ougen niht*, vgl. Trist. 17801 ff. Eracl. 2491 ff. *swar der (guoten) ze sêre hüetet, der wermet unde brüetet, er sindet unde brinwet, daz in dar nâch geriuwet*, vgl. Tristan 17879 ff. Auch die Schilderung wahrer Liebe Eracl. 2316 ff. erinnert an manche Stelle im Tristan, entschiedener Eracl. 3940 ff. *diu unsaelde ist in (den wîben) beschert, swaz man in ernestliche wert, daz si des allermeiste gert . . 46 gedenket an daz êrste wîp* u. s. w. an Trist. 17929 ff. Auch Eracl. 2779 ff. *ich hân gesehen manegen man, von dem mîn herze nie gewan sô ungefüege swaere* erinnert an Blanchefiurens fast gleichlautende Betheuerung Trist. 982 f. In seiner fast zu weit gehenden Neigung zu generalisieren braucht er dieselben Formeln wie Gottfried: Eracl 72 *als ez gennogen liuten tuot*; 1197 *dô tete er als manger tuot*; 1256 *als man noch phliget unde tuot*; 2262 *desselben phlit noch manec man*; 2334 *als si manegen tuot*; 5659 *als noch leider maneger tuot* u. ähnl. An Gottfried mahnen ferner die häufigen Verbindungen von Synonymen, von denen schon manche als allitterirend angeführt wurden; dazu kommen: 267 *wîsen unde lêren* (vgl. Tristan 17906); 875 *ir natûre und ir art*; 1237 *sîn wille und sîn muot*; 1418 *schouwen unde sehen*; 1671 f. *tihten, schrîben unde rihten*; 1675 f. *zieren, vazzen und ziemieren*; 4994 *weinen unde klagen* u. mehr dgl. Gegenüberstellung entgegengesetzter Begriffe begegnet öfters: 1910 f. *was ir liep unde leit, | si was besêrt von beiden*; 3610 f. *in was wol unde wê, liep unde leide*; 703 *daz beste und daz boeste*; 120 *daz*

Wenn ich es wagen darf, hier eine Vermuthung auszusprechen, die mir eines hohen Grades von Wahrscheinlichkeit nicht zu entbehren scheint, so hat das Werk Blickers von Steinach, der uns leider nicht erhaltene Umbehanc, der höchst wahrscheinlich eine Reihe antiker Liebesgeschichten enthielt (vgl. Docen Misc. 2, 295 und Wackernagel Literaturgesch. S. 222 anm.), auf Gottfrieds Werk in stilistischer Hinsicht und wohl nicht am wenigsten in der Anwendung des Wortspiels und der Allitteration einen bedeutenden Einfluss geübt. Das reiche Lob, das ihm unser Dichter in der bekannten litterarischen Stelle (v. 4689 ff.) spendet, bezieht sich zumeist auf Stil und und Reimkunst. Man beachte besonders die Verse 4708 ff.:

der selbe wortwîse;
nemet war wie der hier under
an dem umbehange wunder
mit spaeher rede entwirfet;
wie er die mezzer wirfet
mit behendeclichen rimen!
wie kan er rime limen
als ob si dâ gewahsen sîn!

Man könnte glauben, der Dichter habe hier seine eigene Reimkunst im Auge gehabt, so sehr trifft Alles auch für ihn zu! Und die Vermuthung gewinnt noch eine Stütze, wenn wir erwägen, dass Blicker den Stoff zu seinen Liebesgeschichten aller Wahrscheinlichkeit nach dem Ovid entlehnte,

---

minnest und daz meiste; 714 *ir tugent und ir missetât;* 1605 *sêle unde lip,* ebenso 1974; 2109; 2151; 2377; *tuon oder lân* 3639; *mit gesehnden ougen was er blint* 4297; *empfangen und gegeben* 4536; *ich entbrinne gar und bin doch kalt* 2971. Man beachte auch die im Tristan oft vorkommenden Wendungen wie: *daz was schiere getân* Eracl. 206; 1509; *lange rede sul wir lân* 2717; *als ich iu gesaget hân* 4633; ferner den Gebrauch von dinc in Redensarten wie: *wie sol ich mîn dinc ane vân* 141; *und wies ir dinc ane vienc* 528 (vgl. Trist. 1206; 107 u. öft.); Wendungen wie: *dô gienc ez an ein scheiden* 2811 (vgl. Trist. 2389); *dô muos ez an ein strîten gân.* Auch einen Vergleich scheint Otte dem Tristan entlehnt zu haben: Eracl. 1325 *schouwet, herre, sîniu bein:* | *diu sint sleht als ein zein* — — Trist. 6709 f. *dâ swebeten sîniu schoene bein* | *strac unde sleht alsam ein zein.*

einem Dichter also, der in der spielenden Behandlung der Worte und Gedanken das äusserste leistet. Sollte davon Manches in die Darstellungsweise seines deutschen Bearbeiters übergegangen sein? Und dass dann Gottfried Vieles dem von ihm so gepriesenen Bliker abgelernt hat, wird mir im Hinblick auf jene Verse so wahrscheinlich, dass ich einen direkten Einfluss Ovids auf Gottfrieds Stil anzunehmen für bedenklich halten möchte. Schliesslich sei noch darauf hingewiesen, dass auch das französische Gedicht des Thomas, das Gottfried sicher für einen Theil seiner Dichtung, wahrscheinlich jedoch für das Ganze als Vorlage gedient hat, auf seinen Stil und besonders die Neigung, Worte und Gedanken hin- und herwendend zu wiederholen, von Einfluss gewesen sein kann. Heinzel (Haupts Zeitschr. XIV, S. 370) charakterisirt treffend den Stil des Dichters der Fragmente Douce und Sneyd A (im 2. und 3. Bande der Sammlung von Michel). Nach der Bemerkung, dass der Stil des Dichters der Manier sehr nahe kommt, fährt er fort: „Thomas liebt in allen erregten Reden denselben Gedanken mit denselben oder ähnlichen Ausdrücken zu variiren." Und S. 362 hebt er mit Recht den „überquellenden Redefluss, die in anderer Form wiederkehrenden Gedanken und die warme Empfindung" hervor, welche die sentimentalen Stellen des Gedichtes kennzeichnen. Also Eigenschaften, die Gottfried im hohen Grade auszeichnen, treten uns auch bei dem französischen Dichter entgegen; er war, so scheint es, eine unserem deutschen Dichter sehr ähnlich geartete Individualität. Auch er bevorzugte offenbar die zu lyrisch-reflektirender Behandlung auffordernden Momente seines Stoffes. Wenn sich nun der in seiner Gefühlsrichtung dem französischen verwandte deutsche Dichter in weitern Umfange derselben Stilmittel bedient, wie jener, liegt es da nicht nahe, eine stilistische Beinflussung des Bearbeiters durch seine Vorlage anzunehmen? Das uns durch einen glücklichen Zufall erhaltene Selbstgespräch Tristans, mit dem das Sneyd'sche Fragment I beginnt, und dem, wie zuerst Bossert gezeigt hat, der Schluss von Gottfrieds Gedicht von V. 19415 an entspricht, zeigt mit diesem eine so grosse Uebereinstimmung wie im Gedankengang so in der Anwendung stilistischer Mittel, wie namentlich der Antithese, dass die Annahme eines über diese Stelle hinausgehenden stilistischen Einflusses der frauz. Vorlage auf ihren deutschen Bearbeiter nicht gewagt scheint, um so weniger als Thomas in seiner Neigung, einen Gedanken hin und her zu wenden. sich z. Th. derselben Formen der Wortwiederholung bedient wie Gottfried. Dass gerade die gemeinsame Stelle bei letzterem weniger davon aufweist, thut nichts zur Sache, so wenig wie der Umstand, dass Thomas nur an lyrisch bewegten Stellen, bei der Schilderung auf- und abwogender Seelenkämpfe sich des wirksamen Mittels der Wortwiederholung bedient zu haben scheint. Solche Stellen sind z. B. im III. Bande bei Michel im 1. Fragment die Verse 127 ff., wo die Worte *hair, aimer, raison, franchise, colvertise* mehrfach und in verschiedenen Formen wiederholt werden. Aehnlich V. 69 ff. *poeir* und *voleir*, 103 ff. *deliter* und *oblier*, 233 *nature* und *changer*, 251 ff. *novelerie* und *gurpir* u. dgl. m. Auch die bei Gottfried so häufig begegnende Wiederholung der Worte im Reim kennt Thomas, so findet sich *delite, delit; sentist, sentu, venjance, vengement; haïr, haïst; deslei, delleer; delitier, delit; travailleir, travaillai*. Im folgenden wird sich zeigen, dass auch andre von Gottfried bevorzugte Stilmittel dem französischen Dichter eigenthümlich sind. Dass der für das Wortspiel und die Allitteration oben vermuthete Einfluss einheimischer Vorbilder hierdurch nicht ausgeschlossen wird, ist selbstverständlich.

II.

ANTITHESE.

Gottfrieds Denk- und Darstellungsweise ist ganz und gar von der Antithese beherrscht, sie ist, neben der Neigung zum Wortspiel, die hervorstechendste Eigenthümlichkeit seiner dichterischen Individualität, seines Stiles. Irre ich nicht, so berührt sich Ursprung und Wesen beider Erscheinungen nahe mit einander und beide führen uns auf ein und dieselbe in des Dichters Anlage begründete, durch sociale Stellung und Lebensschicksale vielleicht geförderte Richtung seines Geistes. Es ist die objektive, um nicht zu sagen ironische Auffassung der Dinge, eine gewisse Höhe des Standpunktes gegenüber allem menschlichen Treiben, die ihn in diesen leichten, fast tändelnden Formen der Darstellung sich ergehen und dort mit dem Worte als tönendem Material, hier mit dem Gedanken selbst sein Spiel treiben lässt. Vielleicht liesse sich diese Eigenthümlichkeit seiner geistigen Anlage auch in einem andern Zusammenhange erklären. Treffend hat Heinzel in seiner Charakteristik Gottfrieds (Zeitschr. f. d. östr. Gymn. 1868 S. 537) auf „eine gewisse Ader juristischer Dialektik" bei unserm Dichter hingewiesen. Zwar ist der Annahme, von der diese Beobachtung ausgeht, der sichere Boden entzogen, seitdem es feststeht, dass in der oft besprochenen Urkunde mit des Dichters vermeintlicher Unterschrift nicht rodelarius, sondern eidelarius zu lesen ist, der Schreiber also nicht unser Dichter, sondern ein Angehöriger des ritterlichen Geschlechts der Zeidler war: gleichwohl bleibt die Beobachtung selbst in ihrem vollen Rechte bestehen. Kann es nun befremden, wenn wir bei einem Dichter, der sich in so spitzfindigen Distinktionen gefällt, wie es die von Heinzel hervorgehobenen sind, auch die Vorliebe für die Antithese, das geistreiche, oft auch nur spielende Pointiren von Gegensätzen in ungewöhnlichem Maasse ausgebildet finden?

Von den mannichfachen Formen der Antithese, die bei Gottfried begegnen, sei zuerst diejenige hervorgehoben, welche das Subjekt mit seinem Prädicat, das subst. mit seinem Beiwort in einen scheinbaren Widerspruch setzt, um dadurch den Gedanken nur um so schärfer hervortreten zu lassen. Diese leicht zu missbrauchende Form, die sich mit dem Typus des Oxymoron nahe berührt, ist von Gottfried zwar häufiger als irgend einem seiner Dichtergenossen, jedoch mit weiser Mässigung verwendet worden. Er sah wohl, dass nur ein sparsamer Gebrauch diesem Kunstmittel die Wirkung sichern könne.

  60 *ir süeze sûr, ir liebez leit.*
 1845 *und ist ein lebelicher tôt.*
 7741 *tôt mit lebendem libe.*

7788 *ich bin mit lebendem libe tôt;* ebenso 9596.
12192 f. *des lieben leides,*
des senften herzesmerzen.
18234 *sîn lebender tôt;* ebenso 18472.
19468 *ein triurelôser Tristan.*
Ein ähnlicher Widerspruch zwischen dem Subjekt und Prädikat findet sich 115 f. *diz leit ist liebes alse vol, daz übel daz tuot sô herzewol;* 1228 *mich toetet dirre tôte man;* zwischen dem Verbum und seinen näheren Bestimmungen: 1505 *mit lebendem libe sterben;* 11754 *er gerte wider sîner ger;* 12194 f. *der innerhalp des herzen sô rehte sanfte unsanfte tuot;* 19031 *diu mir sô sanfte unsanfte tuot.* Zu den beiden letzten Stellen vgl. Walth. 109, 24 *daz dîn sêren sanfte unsanfte tuot;* 119, 25 *ein senfte unsenftekeit.*

In bei weitem grösserem Umfange, ja die Grenze des Zuviel nahe berührend, bedient sich Gottfried derjenigen Form der Antithese, auf deren häufige Anwendung in der mittelhochdeutschen Dichtung zuerst Lichtenstein in grösserem Zusammenhang hingewiesen hat (QF. XIX, p. CLXXIII f.). Ich citire die Stelle wörtlich, weil die Sache dort zutreffend charakterisirt ist. Es heisst a. a. O.: „Eine zur bestimmten Manier ausgebildete stilistische Eigenthümlichkeit besteht darin, dass zwei entgegengesetzte Begriffe, die eigentlich einander ausschliessen, in einer Zeile eng gepaart werden. In der Regel wird dann näher ausgeführt, wieso beide zu Rechte neben einander bestehen. Meist handelt es sich um contrastirende Affecte. Die ff. Beispiele, die sich gewiss leicht verdoppeln und verdreifachen liessen, zeigen zur Genüge, wie verbreitet diese Manier war." Sodann wird an Beispielen nachgewiesen, wie sich Ansätze zu diesem Gebrauch schon in der älteren Kunstdichtung, wie auch im Volksepos antreffen lassen und wie er sich bei den höfischen Dichtern, bei einem mehr, beim andern weniger, zur wirklichen Manier ausgebildet hat. Nur geben die angeführten Belege von diesem mehr oder weniger kein recht deutliches Bild. Denn während z. B. zu den aus dem Iwein angeführten Stellen (1691 u. 3682) nur noch eine derartige ausgeführte Antithese hinzukommt (7484—90), findet sich aus Gottfrieds Gedicht nur ein einziges Beispiel ausgehoben. Und doch hat gerade er diesen Gebrauch, wenn irgend einer, zur bestimmten Manier ausgebildet und ihr über seine Darstellungsweise eine fast zu weit gehende Herrschaft eingeräumt. Eine vollständige Sammlung der Stellen wird diese Behauptung rechtfertigen. Ich beginne mit den Beispielen einfacher Gegenüberstellung entgegengesetzter Begriffe ohne weitere Ausführung.

> 206 f. *liep und leit die waren ie*
> *an minne ungescheiden.*

Aehnlich werden *liep* und *leit* constrastirt 221; 232; 1294; 1407; 1522; 13079 f.; 17503; 18008; 18327; 18991, 3; 19484 f.

240 *ir leben, ir tôt, ir fröude, ir klage;* ähnlich 11447 f. *leben* und *tôt* noch gegenübergestellt 235; 237; 12121; 12154 f.; 18471. *fröude* und *klage* 11181; *trûrec* und *frô* 13033; 16380. *übel* und *guot* 7321; 9675 f.; 13579; 14342; 15344; 15699; *minne* und *haz* 878; *verlust* und *gewin* 365; 367; *lîp* und *guot* 5701; *ernest* und *spil* 15747.

Ein besonders charakteristisches Beispiel findet sich an bezeichnender Stelle gleich im Eingang der Dichtung da, wo der Dichter seine und seiner „Welt" Sinnesart der gewöhnlichen, von ihm bekämpften entgegenstellt.

> 58 ff. *ein ander werlt die meine ich,*
> *diu sament in einem herzen treit*
> *ir süeze sûr, ir liebez leit,*
> *ir herzeliep, ir senede nôt,*
> *ir liebez leben, ir leiden tôt,*
> *ir lieben tôt, ir leidez leben.*

Mit wunderbarer Kunst ist hier das Mittel der Contrastirung angewandt, um den Gedanken, der des Dichters ganze Lebensauffassung beherrscht, der ihm den massgebenden Gesichtspunkt für die Schätzung seiner Nebenmenschen liefert und der ihn auch, wie er selbst andeutet, bei der Wahl seines Stoffes geleitet hat — ungetheilt beisammenwohnende Empfindung von des Lebens Lust und des Lebens Leid in einem liebeerfüllten Menschenherzen —, um diesen Gedanken oder richtiger diese Forderung schon durch die äussere Form in voller Deutlichkeit herauszustellen.

Ich wende mich zu den Fällen, in denen jedem der in einem Verse gepaarten Begriffe eine weitere Ausführung zu Theil wird. Es ist dies die gewöhnliche Art, wie Gottfried verwickeltere psychologische Vorgänge, vornehmlich die Seelenkämpfe Tristans und Isoldens ausmalt. Nicht minder bewunderungswürdig als die Menschenkenntniss, mit der er, ein wahrer Herzenskündiger, in die verborgenen Tiefen der Menschen-Seele blickt, ist die unübertreffliche Meisterschaft, mit der er, um den Kampf entgegengesetzter Motive, widerstreitender Empfindungen zu schildern, sich dieses Darstellungsmittels bedient. Es scheint zweckmässig, die bedeutendsten Beispiele dieser von Gottfried so überaus kunstvoll ausgebildeten Manier im einzelnen zu betrachten; so werden wir am leichtesten einen Einblick in die innere Werkstätte seines Denkens und Dichtens erhalten.

V. 881 ff. schildert der Dichter den erregten Gemüthszustand des von erster Liebe zu Blancheflur ergriffenen Riwalin; vorangegangen ist das schöne Gleichniss vom gefangenen Vogel. Riwalins Herz ist getheilt zwischen Hoffnung und Furcht, *trôst* und *zwîvel;* der *trôst* lässt ihn Blancheflurens Gegenliebe hoffen, der *zwîvel* ihren Hass fürchten. So bestürmen ihn die beiden widerstreitenden Gefühle, bis der *trôst* als Sieger den Kampfplatz behauptet und Riwalin der erwiederten Neigung gewiss bleibt.

Aehnlich sind 10261 ff. *zorn unde wîpheit* in Isolde's Gemüth mit einander entzweit. Auch hier das Bild des Kampfes:
*an ir striten harte
die zwô widerwarte,
die widerwarten conterfeit:
zorn unde wîpheit.*

zorn räth ihr, den Feind zu erschlagen, *wîpheit* sucht sanft sie zur Schonung zu überreden. Sie wirft das schon gezückte Schwert von sich, um es von neuem zu ergreifen. So schwankt ihr Herz zwischen Wollen und Nichtwollen, zwischen *tuon* und *lân,*
*biz doch diu süeze wîpheit
an dem zorne sige erstreit.*

11745 ff. lässt der Dichter seinen Helden, den nach

dem Genuss des verhängnissvollen Trankes die Leidenschaft mit
voller, elementarer Gewalt erfasst, den vergeblichen Kampf
gegen dieselbe führen, indem er *triuwe* und *êre* als entgegen-
wirkende Mächte der *Minne* gegenüberstellt. Die Rücksicht
auf jene Grundbegriffe der ritterlichen Moral, die Erinne-
rung an seine Mannesehre und die dem Oheim schuldige
Treue mahnt ihn zur Umkehr von dem gefährlichen Wege;
doch *Minne* zwingt ihn mit Allgewalt, ihr zu folgen und be-
hält schliesslich die Oberhand.

In ganz ähnlicher Weise macht uns der Dichter in den
darauf folgenden Versen mit dem Seelenzustand der liebenden
Isolde bekannt: 11793 *alsam geschach Isôte*. Hier sind es
nicht *triuwe* und *êre*, sondern die *schame* ist es, die der
minne widerstrebt:

> 11824 ff. *ir herze und ir ougen*
> *diu missehullen under in:*
> *diu schame diu jagete ir ougen hin,*
> *diu minne zôch ir herze dar.*

Wie 10262 *zorn* und *wîpheit* „*die zwô widerwarte*" ge-
nannt sind, so sind hier *maget unde man, minne unde scham*
als *diu widerwartige schar* aufgefasst, die um Isolde streitet,
bis auch hier der *minne* der Sieg zufällt:

> 11840 ff. *Isôt diu leit ir kriec dernider*
> *und tete als ez ir was gewant:*
> *diu sigelôse ergap zehant*
> *ir lip unde ir sinne*
> *dem manne und der minne.*

Auch Blancheflures Zustand nach genossenem Liebes-
glück wird in dieser contrastierenden Weise geschildert:

> 1330 *und Blancheflûr diu schoene was*
> *von ime entladen und beladen*
> *mit zweier hande herzeschaden.*

Das wird dann in 3 parallel gegliederten Verspaaren,
deren jedes in zwei unter sich contrastierende Verse zerfällt,
des näheren begründet.

Als Marke die beiden Liebenden in der Minnegrotte
durch das Schwert getrennt erblickt, ist sein Herz zwischen
leit und *liebe* getheilt:

17512 ff. *sîn herze in ime und al sîn lip*
erkaltete vor leide
und ouch vor liebe beide.

Auch hier folgt dann parallel die Begründung für beides.

Aehnlich 13078 ff. Besonders willkommen mussten unserem Dichter zu solcher contrastierenden Ausführung die Begriffe *zwîvel* und *arcwân* sein, die schon an und für sich einen Widerstreit entgegengesetzter Empfindungen bezeichnen. So schildert er 13753 ff. und 15241 ff. in dieser Weise die eifersüchtigen Qualen Markes.

Auf die Stelle 5071 ff. gehört hierher, wo wir es freilich nicht mit contrastierenden Affekten zu thun haben. Der Dichter führt aus, wie seinem Helden *leit* und *linge* im Leben in gleicher Weise beschieden war:

im was ein endeclichez zil
gegeben der zweier dinge,
leides unde linge.

Und nachdem er es begründet, fasst er zum Schluss die Gegensätze noch einmal zusammen:

5494 ff. *alsus was übel bi guote,*
bî linge schade, bî liebe leit
eines herzen staetiu sicherheit.

Auch 937 ff. gehört hierher; ferner 6091 ff.; 16329 ff.

Die bisher betrachteten Fälle haben das gemeinsame, dass einem und demselben Subjekt zwei entgegengesetzte Affekte oder sich bekämpfende Motive beigelegt werden. Anders ist es, wenn der Contrast in der Weise bewirkt wird, dass von verschiedenen Subjekten verschiedenes ausgesagt wird. Charakteristisch für diese Art der Contrastierung ist:

7094 ff. *aldâ gehôrte er bî dem mer*
grôze fröude und grôze klage,
fröud' unde klage, als ich iu sage.

Dann wird parallel ausgeführt, wie bei Tristans Freunden die Freude, bei den Mannen Morolds Trauer und Klage herrscht.

15320 ff. wird, zugleich mit dichotomischer Responsion, Marke und Isôt und entsprechend *vorhte* und *leit* gegenübergestellt:

> nu dar kom Marke und kom Isôt
> bekumberet beide
> mit vorhte und mit leide:
> Isôt diu vorhte sêre
> verlieren lip unde êre;
> sô haete Marke michel leit...

Aehnlich werden 2 in einem Verse verbundene Begriffe in den folgenden ausgeführt:

11737 ff. *und tete daz zwivel unde sham;*
si schamte sich, er tete alsam;
si zwivelte an im, er an ir.

und 14314 ff. *si heten leit unde leit:*
leit umbe Markes arcwân;
leit, daz si niht mohten hân
deheine state under in zwein,
daz si geredeten enein.

Nicht immer sind es contrastierende Begriffe, die gegenübergestellt werden. Gottfried liebt auch sonst 2 Begriffe zuerst in einem Verse zusammenzustellen, um dann im folgenden jeden für sich oder auch beide zusammen genommen eingehender zu betrachten.

In dieser Weise wird 937 ff. die Wandlung geschildert, die mit dem verliebten Riwalin vorgeht:

> *er verwandelte dâ mite*
> *al sîne sinne und sine site*
> *und wart mitalle ein ander man.*

Dann wird zuerst die Veränderung der *site,* dann die der *sinne* ausführlicher betrachtet. Man beachte auch die chiastische Stellung bei der Wiederholung.

So 15538 ff. *Isôt beleib al eine dâ*
mit sorgen und mit leide.
sorg unde leit diu beide
twungen si harte sêre.
si sorgete umb ir êre;
sô twanc si daz verholne leit.

Andere Stellen sind: 424 ff. *Kurnewal und Engelant;* 3149 ff. *zwei schapel wol geloubet : einez ... daz ander;* 4705 *daz sint diu wort, daz ist der sin : diu zwei ....* 8658 ff. *âventiure oder list: der list was aber dô tiure, sô was ouch aventiure,* für den einfachen Gedanken: „um beides stand es schlimm"; man beachte auch den Chiasmus. 16758 *ouge unde ôre haeten dâ , weide unde wunne beide;* in den nächsten Versen wird dann ausgeführt, dass dem *ouge* die *weide*, dem *ôre* die *wunne* zukamen. Also dichotomische Responsion der Art, wie sie besonders Hartmann liebt (Faust: Dichotomische Responsion bei Hartmann von Aue, Haupts Zeitschr. XXIII, 1 ff.). Nur überlässt Hartmann es dem Hörer, die Responsion herauszufinden, während Gottfried ausdrücklich darauf aufmerksam macht.

Nirgends vielleicht zeigt sich Gottfrieds Kunst glänzender als in der Anwendung dieser ausgeführten Antithesen, eines Stilmittels, das er zwar von seinen ·Vorgängern ererbt, aber, indem er es gleichsam in die letzten Consequenzen verfolgte, selbstständig und originell ausgebildet hat. Die spielende Leichtigkeit, mit der er es zu variieren und immer von neuem wirkungsvoll zu machen weiss, ist staunenerregend. Freilich sehen wir ihn auch gerade hier die schmale Grenze übertreten, die das rechte Maass von der Uebertreibung trennt und vom Stil zur Manier hinüberführt. Schon oben wurde hervorgehoben, dass diese Neigung, contrastierende Empfindungen zu schildern, jeden seelischen Vorgang in ein Gegenspiel sich bekämpfender Gefühle aufzulösen, mit einem Hange des Dichters zu antithetischem Denken überhaupt zusammenhängt. Gottfried, eine vornehme, weiche, vom gewöhnlichen Treiben der Welt abgestossene und in sich zurückgedrängte Natur, ergriff den Tristanstoff, um das Ideal wahrer Liebe, das er im Busen trug, einer Mitwelt vorzuhalten, der jener Begriff fremd geworden zu sein schien und die ihn entweder in *senedem klagen* (V. 4817) oder in schnöde erkauftem Genuss (V. 12306) verwirklicht zu sehen glaubte. Und eben dieser Stoff kam dem Hange seines Geistes zur dialektischen Betrachtung der Dinge, zur Antithese im weitesten Sinne, auf halbem Wege entgegen: *ein man, ein wîp; ein wîp, ein man* (129), das Thema seiner Dichtung schon eine Antithese! Und nicht für zufällig werden wir es halten, dass auch die einzigen uns ausser dem Tristan erhaltenen Gedichte Gottfrieds, die beiden Sprüche vom „Mein und Dein" und vom „Gläsernen Glück" eine Anthithese zum Thema haben.

In den bisher betrachteten Fällen wurden zwei entgegengesetzte Begriffe, meist in einem Verse, einander gegenübergestellt. Häufig findet sich nun ferner die Antithese in der Form, dass ein Satz scheinbar im folgenden ganz oder zum Theil wieder verneint wird, ohne dass dadurch sein Inhalt, die Substanz des ausgesprochenen Gedankens, alterirt wird. Derartige, dem Oxymoron verwandte Antithesen finden sich besonders im letzten Theile des Tristan:

222 f. al eine und sin si lange tôt,
ir süezer name der lebet iedoch.

239 sus lebent si noch und sint doch tôt.

5708 f. und wirt der man ein halber man
und doch mit ganzem libe.

8411 ff. lebe iemer und wirp iemer daz,
daz du einen tac sîst âne haz,
du enwirbest niemer daz,
daz du iemer werdest âne haz.

18423 ff. Tristan flôch arbeit ande leit
und suochte nôt und arebeit:
er flôch Marken und den tôt
und suochte die tôtliche nôt,
diu in in dem herzen tôte; vgl. 18489 f.

18538 f. nu bin ich hie und bin ouch dâ
und enbin doch weder dâ noch hie.

18542 f. ich sihe mich dort ûf jenem sê
und bin hie an dem lande.
ich var dort mit Tristande
und sitze hie bi Marke.

19007 ff. mîn ouge, daz Isôte siht,
daz selbe ensiht Isôte niht:
mir ist Isôt verre und ist mir bi.

19024 ff. nu bin ich komen, dâ Isôt ist,
und enbin Isôte niender bî,
swie nâhen ich Isôte si.
Isôte sihe ich alle tage
und sihe ir niht: daz ist mîn klage.

Oft begegnet auch die gewöhnliche Art der Antithese, bei der einfach entgegengesetzte Gedanken gegenübergestellt werden, z. B.

208 ff. *man muoz mit disen beiden*
êr' unde lop erwerben
oder âne si verderben.

1763 f. *sin tôt was aber wol lobelich,*
der ir ze sêre erbärmeclich.

Aehnlich 1748; 3377 ff; 4671 f; 5657 ff; 11021 f; 11597 ff; 12529 ff; 17418; 17509; 13347 f; 19488.

Noch deutlicher giebt sich Gottfrieds Neigung, mit Gedanken wie mit Worten zu spielen, bei einer andern Art der Antithese zu erkennen, die einen eigentlichen Widerspruch gar nicht darstellt, da das Spiel des Gegensatzes mehr die äussere Form des Gedankens als seinen Inhalt trifft. Ein charakteristisches Beispiel findet sich im Eingang des Gedichtes V. 30 f.: *daz si daz guote z'übele wegent, daz übel wider ze guote wegent.* Wie hier, so sind fast immer die beiden je einen Vers füllenden Satztheile parallel gegliedert. So 2019 f. *er was reht, als er hiez, ein man und hiez reht, als er was, Tristan.* Besonders reich an solchen Wendungen ist die scharf pointirte Rede, mit der die Königin die Ansprüche des Truchsessen zurückweist: 9874 f. *iuch dunket ie daz arge guot, daz guote dunket iuch ie arc.* 9878 ff. *in sint die tumben alle wîs, in sint die wisen alle tump; ir machet âz dem slehten krump und âz dem krumben wider sleht.* 9884 f. *ir minnet daz iuch hazzet, ir hazzet daz iuch minnet.* 9890 f. *der iuch dâ wil desn welt ir niht, und welt den, der iuch niht enwil.*

Ferner 18001 f. *ezn ist nicht ein biderbe wîp, diu ir êre durch ir lip, ir lip durch ir êre lât.* Chiastische Gliederung, mit Anwendung synonymer Ausdrücke bei der Wiederholung, findet sich 13027 ff: *diu briuwet in ir herzen die senfte bî dem smerzen, bî fröude kumber unde nôt.*

Ueberaus häufig begegnet endlich die ebenfalls nicht eigentlich als Antithese zu bezeichnende Ausdrucksform, die einen Gedanken in der Weise umkehrt, dass die bedeutsamen Begriffe desselben ihre grammatische Funktion mit einander vertauschen, so dass eine vollständige Responsion in Gedanken und Ausdruck entsteht. Einige Beispiele werden es deutlich machen:

507 f. *Kanélengres der was dâ wol
des hores, der hof der was sîn vol;* ebenso 12953; 16409.
723 f. *si taete in in ir muot genomen,
er was ir in ir herze komen.*
815 f. *daz ir wart Riwaline,
dâ wider wart ir daz sine* (Chiasmus).
Aehnlich 957 f.; 1101.; 1350 ff., 56 f.; 3713 f.; 3729 f.;
4407 f.; 5162 f.; 6574 ff.; 11732 f.; 11739; 11961; 14040.2;
12173 f.; 13421; 14324 ff.; 14395; 16908 f.; 18576 f.; 19489 ff.

III.

RHETORISCHE STILMITTEL.

A. ANAPHORA.

Die Anaphora ist ein in der erzählenden Poesie vor Gottfried nur selten angewandtes Mittel rhetorisch-poetischer Wirkung und auch bei den bedeutendsten der zeitgenössischen Dichter findet sie sich nur in bescheidenem Masse. Der trocknen, schmucklosen Darstellungsweise Eilharts ist sie ganz fremd. Auch Veldecke macht nur mässigen und noch recht ungeschickten Gebrauch von ihr. So 29,8 ff. *wie Trôie wart zestôret unde wie daz irgienk... und wie mîn herre Enêas* etc.; 74,4 ff. schildert Dido die Weisheit des zauberkundigen Weibes: *si weiz vil von minnen, vil von erzenie; si hât in philosophîe ir flîz gekêret; sî is...., sî weiz..., sî gelîchet..., sî kan..* Aehnlich Wiederholung des Relativums 334,29 ff. *daz ich Lavînen niene gesach, d i u mir allez ungemach...., mit der helfe...., d i u mir...., und d i u.... und der.* Aus Hartmanns Gedichten wüsste ich nur die Stelle im Iwein anzuführen, wo Laudine bei der Klage um den erschlagenen Gatten 3 Verse mit *waz sol* und die 3 nächsten mit *ouwê* beginnt (1466—1471), eine bei Hartmann einigermassen überraschende Spielerei. Seinem schlichten Erzählungstone war diese Figur eben sowenig gemäss wie der unruhigen, selten bei einer Vorstellung länger verweilenden Art Wolframs. Ihre Dichtung, deren Zweck vor Allem es war, durch die bunte Fülle des Thatsächlichen zu unterhalten, kümmerte sich wenig um diese wie um andre der Rhetorik entlehnte Kunstmittel. Auch in der Lyrik der Minnesänger findet sich die Anaphora nur gelegentlich angewendet; nur Walthers Kunst zeigt sich auch hier reicher und ausgebildeter (ich verweise auf die Zusammenstellung von Wiegand: Zur Charakteristik des Stils Walthers von der Vogelweide 1879, p. 55 f.). Gottfried nun bedient sich dieses wirksamen Stilmittels im weitesten Umfang. Man könnte die häufige Anwendung desselben wohl mit der ganzen Tendenz seines Dichtens in Zusammenhang bringen. Ihn interessirte nicht so sehr das Thatsächliche, die Fülle des äusseren Geschehens als der in seinem Stoff enthaltene Gedanke, es kommt ihm nicht so sehr darauf an, durch das Erzählte zu unterhalten, als durch die Art der Darstellung, durch möglichste Eindringlichkeit der Rede den Hörer für jenen Gedanken zu erwärmen. Unstreitig ist nun die Anaphora ein ebenso wirksames wie einfaches Mittel eindringlicher Hervorhebung und irre ich nicht, so beruht auf ihrer häufigen Anwendung nicht zum kleinsten Theile jener warme Hauch leidenschaftlicher Erregung, der, bei aller scheinbaren Kälte, Gottfrieds Verse belebt und jeden Hörer mit unwiderstehlichem Zauber fesselt.

Die Anaphora ist bei Gottfried, mit Ausnahme weniger Fälle, wo sie innerhalb desselben Verses vorkommt, immer derartig, dass ein Wort am Anfang mehrerer Verse wiederholt wird, sei es nun, dass mehrere Hauptsätze damit eingeführt werden oder dass es an der Spitze mehrerer gleich geordneter Glieder desselben Satzes steht. Meist sind es Formwörter, die in dieser Art wiederholt werden, weit geringer ist die Zahl der Fälle, wo nomina oder verba nachdrücklich an die Spitze mehrerer Sätze oder Satzglieder treten.

I. Wiederholung innerhalb desselben Verses:

2387 *ir klage was sus, ir klage was so.*
3744 *swaz er getete, swaz er gesprach.*
4051 *si redeten hin, si redeten her.*
4262 f. *daz weinde Marke, daz weinde ouch er,*
daz weinden s'al gemeine.
4705 *daz sint diu wort, daz ist der sin.*
5043 *wis iemer höresch, wis iemer vrô.*

5131 nim ros, nim silber unde golt.
6577 swie guot, swie lobebaere.
6711 dô stuont daz ors, dô stuont der man.
9259 die ladte er, die besandte er.
9555 daz ist getân, daz schaffe i-h dir.
11862 deist liebe reht, deist minnen ê.
12349 sô guot, sô lônbaere.
13014 ir beider sin, ir beider muot.
14678 si las Isôt, si las Tristan.
16352 swâ sô si was, swar sô si reit.
16883 si haeten hof, si haeten rât.
18881 daz haete er dâ, daz rander.
19226 der fuorte in âz, der fuorte in in.

II. Wiederholung am Anfang mehrerer Verse.

a) eines nomens.

Hier wie bei der Anaphora des Verbums ist stets, bei der Anaphora der Formwörter meistens die Regel beobachtet, dass bei zwei durch dieselbe verbundenen Sätzen der erste, bei mehreren alle ausser dem letzten je einen, höchstens zwei Verse einnehmen, während der letzte, oft durch hinzutretende Nebensätze verstärkt, sich über zwei oder eine noch grössere Anzahl von Versen erstreckt. Es ist ersichtlich, dass hierdurch grössere Concinnität und ein vollerer Abschluss der Periode — denn meistens sind die durch Anaphora verbundenen Sätze gleichgeordnete Glieder einer solchen — erreicht wird.

1315 ff. ir munt der tete in fröudehaft,
ir munt der brâht' im eine kraft,
daz er etc.

1830 ff. ir klage wart aber dô mê dan ê:
klage, daz Riwalin erstarp,
klage, daz Blanchefluor verdarp,
klage umbe ir beider kindelin,
an dem etc.

Aehnlich 2350 ff. in manege wis sô was im wê:
wê umbe daz michel ungemach,
daz er an Tristande sach;
wê umbe sin selbes nôt,
durch daz etc.

Ferner 3708 ff., wo Markes Hofgesinde dem jungen

Tristan seine Bewunderung ausspricht und der Name 3 mal bezeichnend an der Spitze des Verses wiederholt wird. Aehnlich wiederholt 11990 ff. Isolde 3 mal das verhängnissvolle *lameir,* um die Stärke ihres Leidens anschaulich zu machen. So auch 17597 ff. *Minne warf ir flammen an*
Minne erflammete den man
mit der schoene ir libes.
b) eines verbums.

Auch sie begegnet verhältnissmässig selten. Ein schönes Beispiel bieten die Verse 2002 ff., wo der Dichter bei der Taufe seines Helden die Wahl des Namens Tristan mit Hinweisung auf seine traurigen Lebensschicksale als eine glückliche bezeichnet:

der name was im gevallesam
und alle wis gebaere;
daz kiesen an dem maere:
5 *sehen wie trureclich ez was,*
wie sin sin muoter genas;
7 *sehen wie . . . . .*
9 *sehen wie . . . . .*
11 *sehen wie . . . . .* bis 2015.

4029 ff. werden die körperlichen und geistigen Vorzüge des treuen Rûal beschrieben, wobei die einzelnen Punkte der eingehenden Schilderung theils mit *er was,* theils mit *sîn* (*sîn arme, sîn lîp, sîn stimme, sîn rede*) eingeführt werden. Durch diesen regelmässig durchgeführten Wechsel — zuerst 2 mal *er was,* dann 2 mal *sîn,* dann wieder 2 mal *er was* und wieder 2 mal *sîn* — ist die Eintönigkeit, die bei dergl. Beschreibungen sich leicht einstellt, aufs glücklichste vermieden. Aehnlich werden 5027 ff. einige der Lehren, die Marke seinem Neffen bei der Schwertleite ertheilt, durch das imperativische *wis* eingeleitet, und wirkungsvoll wiederholt 18319 ff. Isolde in ihren leidenschaftlich beredten, vom innigsten, wärmsten Gefühl durchglühten Abschiedsworten zu dem Geliebten die Mahnung: *gedenket:*

c) von Formwörtern.

Diese findet sich ungleich zahlreicher vertreten als die vorher betrachteten Arten der Anaphora. Nicht selten ist der Fall, dass eine Reihe von Nebensätzen durch *wie* eingeführt wird, namentlich an solchen Stellen, wo der Dichter schon Erzähltes nochmals in kurzem Ueberblick rekapitulirt. So V. 1990 ff, wo Rûal den Namen seines Pflegekindes mit Hinweisung auf die traurigen Umstände bei der Empfängniss und Geburt des Kindes motivirt. Aehnlich 3807 ff. bei der Auskunft, welche die Pilger dem suchend umherirrenden Rûal ertheilen. Ferner 4235 ff., wo Rûal am Hofe Markes die Geschichte Tristans bis zu seiner Entführung erzählt und 11945 ff., wo Isolt *in megede wîs* den Geliebten an die erste Begegnung und die daran sich knüpfenden Ereignisse erinnert. Sonst findet sich relatives *wie* ähnlich wiederholt: 1777,80 (*wie lihte, wie lihte*), 4930 ff. (5 mal), 5547 ff. (3 mal), 7330 ff. (3 mal), 13050 f. (2 mal), 15274 ff. (3 mal). Interjektionales *wie* findet sich emphatisch am Anfang mehrerer Sätze: 37 ff. (2 Mal); 1670 ff. (3 Mal); 4620 ff. (3 Mal); 4726 f. (2 Mal); 18106 ff. (4 Mal). Ferner begegnet anaphorische Wiederholung von *dâ*: 11 f.; 477 f.; 4677 f.; 13837 f.; 18653 f.; von *dô*. 2073 f.; 6700 f.; von *nu*: 15181 ff.; 18496 ff.; von *sô*: 2489 f.; 17839 f.; des Relativums mit oder ohne Präposition: 967 f.; 1588 ff.; 1753 f.; anderer Fürwörter: 1044 f.; 2563 f.; 4035 f.; 4044 f.; 7400 ff.; 7797 ff.; 9999 ff.; 10231 f.; 10573 f.; 11697 ff.; 13071 f.; 13007 ff.; 16424 f.; 18540 f.; endlich von *daz*: 6863 f.

Auch für den Gebrauch der Anaphora finden sich, wie für den des Wortspiels, in der französischen Quelle merkwürdige Analogien. Die warme, oft leidenschaftlich erregte Sprache des französischen Dichters bevorzugt sie in so hohem Grade, dass auch hier die Möglichkeit einer Beeinflussung des deutschen Dichters durch seine Vorlage nicht abzuweisen ist. Besonders häufig hat Thomas die Anaphora innerhalb desselben Verses. So fragm. I. V. 43 *tantes paines, tant dolurs;* ähnlich fr. II, V. 591 ff., 699 ff.; I. 290 *à lor roleir, à lor desir;* 296 ff. *contre raisun, contre poeir;* 420 *à ses parenz, à ses amis;* 699 ff. *encuntre change, encuntre tort, encuntre paine, encuntre dolur, encuntre tuiz engins d'amur;* 615 f. *en paine est e en turment, en grant pensé, en grant anguisse;* II, 613 *maldit le jur, maldit l'hure* u. so öfters. In mehreren auf einander folgenden Versen z. B. I, 39,41

— 33 —

que valt.....? que valt....?; 50 ff. wird die Frage 3 mal mit *coment* eingeleitet; 297 ff. *tels — tels — e tels — e tels*; und ähnliches.

B RHETORISCHE FRAGE.

Auch in der sogenannten rhetorischen Frage, soweit sie in des Dichters eigenem Munde und nicht in den Reden seiner Helden begegnet, steckt ein starkes persönliches Element. Jede Frage, die ihre Beantwortung schon in sich trägt, ist der Ausdruck einer subjektiv erregten Stimmung und scheint insofern, jemehr sie im Wesen der Lyrik begründet und ihr angemessen ist, um so weniger im erzählenden Gedicht eine Stelle zu haben. Bei Gottfrieds Vorgängern auf dem Gebiet der höfischen Erzählung begegnen wir ihr nicht. Bei ihnen überwog das Interesse am Stoff so sehr jedes andere, dass für den Ausdruck persönlichen Empfindens kein Raum blieb, und aus eben diesem Grunde werden wir zugeben müssen, dass dem epischen Ideale kein anderes höfisches Gedicht so nahe kommt wie Hartmanns Iwein. Gottfried, eine mehr lyrisch gestimmte Natur, musste in dem Bestreben, seinen Stoff mit subjektivstem Gefühlsinhalt zu erfüllen, nach reicheren Ausdrucksmitteln greifen als sie der einfach erzählende Dichter nöthig hatte. Und zu diesen Mitteln gehört in erster Linie die rhetorische Frage.

Am häufigsten finden sich bei Gottfried solche Fragen, die nur zur Einkleidung eines negativen Gedankens dienen. Rûal sucht den entführten Tristan in Norwegen: *waz half in daz? ern was dâ niht: al sîn suochen was ein wiht* 3767 f. Tristan rennt Mirolt im Zweikampfe heftig an: *wes moht ouch jener dô bîten, dem ez umbe daz leben stuont?* (6846 f.), fragt der Dichter. Nach dem Kampfe wird der verwundete Tristan von den besten Aerzten behandelt: *waz truoc daz vür od waz half daz? im was doch nihtes deste baz* 7267 f. In Isolt kämpfen nach dem Genuss des Liebestrankes *scham* und *minne* 11835: *waz truoc daz vür? scham unde maget* etc. 13781 ff. wird an die Schilderung von Markes qualvollem Zustand die psychologisch feine Betrachtung über die Eifersucht mit 2 parallel gegliederten rhetorischen Fragen ange-

3

knüpft: *waz may ouch liebe nâher gân, dan zwîvel unde arcwân? waz anget liebe gernden muot sô sêre, sô der zwîvel tuot?* — Die Liebenden sind in der Minnegrotte *eine und âne liute: nu wes bedorften s'ouch dar în oder waz solt iemen zuo z'in dar?* (16854 f.), fragt der Dichter. Und ähnlich 16906 *waz solt in bezzer lipnar ze muote oder ze liebe? dâ was doch man bî wîbe, sô was ouch wîp bî manne: wes bedorften si danne?* — Wer das, was er sehen muss, nicht sehen will: *wer mag im dirre blintheit iht* (17786). — Die Frau, die selbst auf sich und ihre Ehre hält, ist auch *al der werlde liep;* dagegen (18029 ff.) *ein wîp, diu wider ir libe tuot, diu sô gesetzet ir muot, daz sî ir selber ist gehaz, wer sol die minnen über daz? diu selbe ir lip unmaeret und daz der werlt bewaeret, waz liebe oder waz êren sol iemen an die kêren?* — Derjenige, welcher dem Beispiele der Liebenden folgt: *waz waere ouch dem iht wirs geschehen dan Tristan unde Isolde?* (18097). — Tristan ist aus Kurnewal entflohen, aber (18429 ff.) *waz half daz er den tôt dort flôch und hie dem tôde mite zôch? waz half daz er der quâle* etc. Etwas andrer Art ist die Frage 17757. Marke will in seiner Blindheit Isôlds Liebe zu Tristan nicht sehen: *wem mac man nû die schulde geben umbe daz êrlôse leben, daz er sus mit ir haete?* Hier also ein positiver Gedanke, ein Schluss in Frageform.

Bedeutendere Wirkung als mit solchen Fragen, die keiner Antwort bedürfen, erreicht der Dichter, wenn er einen neuen Gedanken in die Form der Frage kleidet, um sie dann selbst zu beantworten. Nur selten, aber immer in höchst wirkungsvoller Weise hat Gottfried sich dieses Kunstmittels bedient. So leitet er 8089 ff. das ausgeführte Gleichniss von Isolde und den Sirenen ein: *wem mag ich sî gelîchen, die schoenen, saelderîchen, wan den Syrênen eine, die mit dem agesteine die kiele ziehent ze sich?* Als die Sehnsucht der Liebenden endlich Erfüllung findet, bricht der Dichter in die Frage aus: *wer haete ouch dise beide von dem gemeinen leide vereinet unde bescheiden wan einung an in beiden, der stric ir beider sinne?* (12175 ff.) Auch hier also, wie in dem ersten Beispiel, die Antwort mit *wan* angeknüpft. -- 6639 wird durch die rhetorische Frage zugleich eine Steigerung bewirkt: *und aber daz niuwe wunder* .... (6643) *haet aber daz deheine kraft wider dirre fremeden meisterschaft, diu ûzen an gebildet lac?* Der Dichter giebt selbst die Antwort: *ich weiz ez wârez alse den tac, swie so der ûzer waere, der innere bildaere der was baz betihtet.* Paränetisch ist die Frage verwendet 12349 ff.: *sô guot, sô lônbaere triuwe under friunden waere, war umbe lieben wir sî niht?*

C. ANREDEN AN DIE ZUHÖRER.

Der mittelhochdeutsche erzählende Dichter arbeitet für ein bestimmtes Publikum, für eine Gesellschaftsklasse, deren Anschauungen er theilt und deren Geschmack für ihn massgebend ist. In den Dienst dieser Klasse, der er selbst angehört, stellt er seine Begabung, sie zu unterhalten ist ihm Zweck und Antrieb des dichterischen Schaffens. Die Rücksicht auf Geschmack und Bedürfniss seines Publikums leitet ihn bei der Wahl des Stoffes ebenso wie bei der künstlerischen Ausgestaltung desselben. Wie wir im Volksepos den fahrenden Sänger, der in der Halle der Fürstenburg oder auf Strassen und Gassen der lauschenden Menge von den Thaten sagenhafter Helden berichtet, inmitten seiner Zuhörerschaft und in lebendigem Verkehr Anregung geben und empfangen sehen, so können wir dasselbe Verhältniss, nur auf höherer Stufe, zwischen dem höfischen Dichter und seinem Publikum beobachten. Zwar steht er demselben selbstständiger gegenüber als der Fahrende der Menge, der er um Lohn zu hören giebt, was sie gerade verlangt; aber auch er verliert sein Publikum, den „geneigten Leser" nie aus den Augen und nimmt gerne Veranlassung, in direkten Verkehr mit ihm zu treten. Und die Form dieses Verkehrs, die Anrede an den Zuhörer, entnahm die höfische Dichtung eben dem Volksepos. Schon bei Eilhart, ihrem ältesten Vertreter, dessen Stil überhaupt dem der volksthümlichen Dichtung noch nahe steht, begegnet sie häufig (cf. Lichtenstein in QF. XIX, CLXXVIII), ebenso bei Veldecke und in Hartmanns Jugendwerk, dem Erec; im Iwein dagegen sind sie gänzlich vermieden. Wolfram schliesst sich hierin, wie in so vielem andern, näher an den Ton des Volkslieds an und überbietet es darin sogar in einer Weise, die für die Lebhaftigkeit seines originellen Geistes aufs höchste bezeichnend ist; die zahlreichen Stellen hat Förster in seiner schon oben citirten Schrift S. 30 zusammengestellt. Gottfried steht in der Anwendung der Anrede zwar weit ab von der manierirten Art Wolframs, doch meidet er sie nicht so wie Hartmann in der Zeit seines völlig ausgebildeten Stils.

Nur selten verwendet Gottfried das dem lebhafteren Wolfram so zusagende Mittel, die Hörer durch einen den Satz beginnenden Imperativ auf das Folgende hinzuweisen. So findet sich *seht* 1748; 3771; 6024, an den beiden letzten Stellen lose dem mit *dâ* beginnenden Satze vorangestellt. Häufiger sind andere formelhafte Wendungen zur Einführung eines neuen Ereignisses oder Gedankens verwendet; so 5547 *daz sag ich iu wie 'z in ergie;* 5949 *des bescheid ich iuch reht und vür wâr.* An beiden Stellen geht eine indirekte dem Zuhörer in den Mund gelegte Frage voraus. Eine direkte Frage wird 6055 beantwortet: *daz ist iu lîhte geseit.* Ferner 1850 *ir muget wol wizzen;* 4026 *nu wizzet doch daz;* 6573 *und sult ir doch wol wizzen daz;* 5071 *als ich ez iuch bescheiden wil;* ähnliche Wendungen 2258; 2320; 6897 ff.; 8904 ff.; 16999; 17025; 18625.

Erinnerungen an schon Erzähltes oder sonst Bekanntes knüpft Gottfried gern mit *als* an. Sie sind immer formelhaft und oft genug mag Reimnoth sie herbeigezogen haben. So findet sich 3343 *als ich iu hân geseit;* 3378 *als ir habet vernomen;* ähnlich 5281; 6038; 10041; 18120. 4243 *als ich iu ê seite;* ähnlich 7155. 4276 *als ir wol habet gehoeret wie;* 7174 *als ir wol wizzet;* 8085 *als ir wol wizzet daz geschiht;* 10945 *ir wizzet wol;* 13052 *daz habet ir dicke wol vernomen.*

Mit Versicherung der Wahrheit des Erzählten wendet sich Gottfried nur selten direkt an die Zuhörer; so 1813; 7096. Um so häufiger findet sich bei ihm die in allen höfischen Epen so beliebte Berufung auf die Quelle, meist in formelhafter Weise mit *als* angeknüpft, selten ein neues Faktum der Erzählung einführend. Solche Wendungen sind:

als wir daz maere hoeren sagen 1944; *daz kiesen an dem maere* 2004; *ouch hoere wir diz maere sagen* 2115; ähnlich 2259; 2545; 2761; 5280; 15919; 16105; 16357; 16707; 18733. Charakteristischer als das bisher angeführte ist für Gottfried eine andre Form, mit seinem Publikum zu verkehren. Er liebt es, aus seiner Zuhörerschaft eine einzelne oder auch mehrere Personen herauszugreifen und ihnen, in direkter oder indirekter Rede, einen Einwurf oder eine Frage in den Mund zu legen. Dieses Kunstmittel, das übrigens schon Eilhart gelegentlich in Anwendung bringt (7632 ff.), benutzt Gottfried häufig als eine bequeme und bei dem Geschick, mit dem er sie anwendet, höchst anmuthende Form, sich in wichtigeren Dingen mit seinem Publikum auseinander zu setzen und nothwendige, manchmal freilich in spielender Weise auch minder nothwendige Erklärungen zu geben. 2021 will er nachträglich erzählen, aus welchem Grunde Rual den Tristan für sein eigenes Kind ausgegeben hat; da heisst es: *und swer nu gerne haete erkant, durch welhe list . . . . . 27 den sulen wir ez wizzen lân.* Aehnlich wird 4506 ff. die Erklärung für die bei so verschiedenem Alter wunderbare Gesinnungsharmonie zwischen Rual und Tristan eingeführt: *wan eteswer der fraget uns . . . . . wie sie sich under in beiden . . . .? diz prüeve ich schiere sunder lüge.* Markanter noch ist die Stelle V. 5651 ff., wo der Einwurf, wie Tristan denn den Ansprüchen seiner beiden Pflegeväter zugleich gerecht werden konnte, einem Zuhörer in direkter Frage in den Mund gelegt wird: *nu spraeche ein saeliger man: „der saelige Tristan, wie gewirbet er nu hie zuo, daz er in beiden rehte tuo und lône ietwederem als er sol?"* Der Dichter antwortet (5656): *iuwer iegelîch der weiz daz wol* etc. und wendet sich dann noch einmal an die Zuhörer mit der Frage: *lât hoeren, wie sol ez ergân?* Die Reflexion über den Satz: *amantium irae amoris redintegratiost* wird 13038 so eingeleitet: *und sprichet aber iemen daz, daz zorn ungebaere under sô gelieben waere, benamen dâ bin ich sicher an, daz der nie rehte liep gewan.* Aehnlich begegnet der Dichter dem Einwurfe, den jemand gegen die Möglichkeit eines Lebens ohne materielle Nahrung, wie es die Liebenden in der Minnegrotte führen, erheben könnte: 16811 *genuoge nimet hier under virwitze unde wunder und habent mit frâge grôze nôt, wie sich* . . . 17 *des wil ich sî berihten, ir virwitze beslihten.* Und nach der Erklärung kommt er 16913 ff. noch einmal auf den Einwurf gegen dieses physiologische Wunder zurück, hier mit köstlicher Ironie und überlegener Zurückweisung des lästigen rationalistischen Fragestellers: *nu trîbent aber genuoge ir maere und ir unfuoge, des ich doch nicht gevolgen wil: si jehent, ze sus getânem spil dâ hoere ouch ander spîse zuo. dane weiz ich rehte weder ez tuo. des dunket mich genuoc hier an. ist aber anders ieman* . . ., *der jehe als er 'z erkenne.* Auch sonst fingirt Gottfried gerne Fragen der Zuhörer: 4553 *swer mich nu fråget umbe ir kleit* . . . *des bin ich kurze bedâht, dem sage ich, als daz maere giht.* Oder 5696: *swer nû die teile nie vernam* . . . . *dem sage ich wie diu teile ergât.* — Als bezeichnend für die Stellung des Dichters gegenüber seinen Zuhörern sei schliesslich noch die Stelle erwähnt, wo er sie um Theilnahme für das Schicksal der todten Blancheflûr bittet: es ist dies das einzige Beispiel einer solchen Aufforderung, das sich bei Gottfried findet: 1772 ff. *ir jâmer unde ir ungemach beklage ein ieclîch saelic man: und swer von wîbe ie muot gewan oder iemer wil gewinnen der trahte in sînen sinnen, wie* . . . . .

Nahe verwandt mit den Anreden an die Zuhörer und schon im Vorhergehenden berührt sind die Fragen, die der Dichter seinen Zuhörern in den Mund legt, ein bequemes und wirksames Mittel, die Erzählung zu beleben und Spannung zu erwecken. Zunächst die indirekte Frage. In ihrer Anwendung beobachten wir zwischen Gottfried und seinen Vorläufern im höfischen Epos dasselbe Verhältniss wie bei der Anrede. Veldecke freilich, der diese mehr bevorzugt als irgend ein andrer, wendet die Frage gar nicht an, wohl aber Eilhart, dessen lebhafter Natur sie besonders zuzusagen scheint. Bei Hartmann findet sie sich im Erec 4 Mal: 5386; 6554; 8775; 8946; in seinen späteren Werken gar nicht. Bei Wolfram ist sie, wie die Anrede, zur Manier geworden. Anders Gottfried: er verschmäht sie zwar nicht ganz, wendet

sie aber doch nur höchst sparsam an. Hier die wenigen
Stellen:
1712 ff. *dô diu vil schoene vernam
         diu klagebaeren maere,
         wie dô ir herzen waere?*
5858 ff. *ob ir klage iht kleine
         und ir herzeswaere
         nâch ir trûthêrren waere?*
5946 ff. *waz aber des zinses waere,
         den man ze Îrlanden sande
         von ietwederem lande?*

Auch direkte Fragen werden von den Zuhörern aufgeworfen: 5082 ff. *sô helfe iu got, nu sprechet an* .... 87 *lât hoeren, welher hande leit hât er bî dirre linge?* Hier soll ein scheinbarer Widerspruch erklärt werden. Ebenso 17768, *„war umbe, hêrre, und umbe waz truoc er ir inneclîchen muot?" dar umbe ez hiute maneger tuot* ..... 5546 *nu wie geviengen s'ir dinc an? daz sage ich iu;* 6054 *wie wart er aber enpfangen? daz ist iu lihte geseit.* Nicht immer ist es angedeutet, ob der Dichter sich selbst oder ein Zuhörer ihn mit einer Frage unterbricht. So 172 f., wo durch die sogenannte revocatio eine schöne Steigerung des Gedankens bewirkt wird: *ez ist in sêre guot gelesen. guot? jâ, innecliche guot.* Aehnlich 1726 ff. *jâ, got hêrre, wie kom daz, daz dâ nicht wart geweinet? dâ was ir herze ersteinet,* 1733 f. *geklagete s'aber ir hêrren iht mit klageworten? nein, si niht.* 2480 ff. *nu wie gewarp dô Tristan? Tristan der ellende? jâ, dâ saz er unde weinde aldâ.*

Endlich begegnen bei Gottfried auch Uebergänge in Frageform häufiger als sie sonst bei den mittelhochdeutschen Erzählern üblich sind. So 1692 ff. *daz ich nu vil von ungehabe und von ir jâmer sagete, waz iegelîcher klagete, waz solte daz? ez waere unnôt.* Aehnlich 7201 ff. *tribe ich nu michel maere von ir aller swaere und von ir klage, waz hülfe daz? uns waere nihtes deste baz.* 7939 ff. wird die versteckte Polemik gegen Wolfram ähnlich eingeleitet; *ob ich iu nû vil seite und lange rede vür leite* .... *waz hulfe ez und was solte daz?* Mit einer Frage hebt auch die bekannte für Gottfried so charakteristische Stelle an, wo er die Beschreibung der Vorbereitungen zu Tristans Schwertleite mit Hindeutung auf das häufige Vorkommen derartiger Schilderungen von *ritterlicher werdekeit* bei andern Dichtern ablehnt: 4589 ff. *wie gevähe ich nû min sprechen an, daz ich den werden houbetman . . . . . ? ine weiz waz ich dâ von gesage daz iu geliche und iu behage und schône an disem maere stê.* Mehr formelhaft ist die Frage an ff. Stellen: 5215 *waz sol der rede nu mêre?* 5871 *waz lenge ich nu mê hier an?* 16335 *waz ist der rede nu mêre?* — Auch 5225 ff. gehört hierher? *wie dô? wie ist mir sus geschehen? ich hân mich selben übersehen: wâ sint nu mîne sinne?* Mit liebenswürdiger Schalkhaftigkeit schilt der Dichter sich aus wegen seiner Vergesslichkeit der guten Floraete gegenüber.

In all diesem äussert sich das Verlangen des Dichters, aus der Rolle des blos berichtenden Erzählers herauszutreten und zu seinem Publikum ein Verhältniss herzustellen, das ihm Gelegenheit giebt, persönlichem Empfinden Ausdruck zu geben. Nicht nur in den Formen der Anrede und Frage tritt dieser subjektive Zug hervor. Fast auf jeder Seite seines Gedichtes tritt uns der Dichter in Person entgegen, und nicht nur, um seinem Herzen in Reflexionen Luft zu machen, sondern auch bei viel geringfügigerem Anlass. Charakteristisch ist das überaus häufig begegnende „*ich meine*"; er liebt es, einem erzählten Faktum eine nähere Erklärung. oft parenthetisch, beizufügen, indem er sie mit *ich meine* u. dergl. an den Hauptsatz anknüpft. Oft tritt hierbei zugleich das Spielende und Tändelnde der Gottfried'schen Darstellungsweise aufs deutlichste hervor. Folgende Beispiele mögen genügen:

2969 f. *den herzeric er dô gevienc*
(ich meine, an dem daz herze hienc).

4782 ff. *von der (nahtegal) denk ich vil unde gennoc,*
(ich meine ab von ir doenen,
den süezen, den schoenen).

17515 ff. *din rerre gelegenheit*
diu was im liep unde leit :
liep meine ich von dem wâne . . . . .

19 *leit meine ich daz er sich 'z versach.*

Ebenso 4805 ff.; 4989 ff.; 5253; 5699 ff.; 6031 f.; 8636 f.; 9140 f.; 10949 f.; 13035 ff.; 17101 ff. Hierher gehört auch das ironische *i'ne weiz wâ si'z dâ wiste* 8610, bei der rationalistischen Abweisung des märchenhaften Zuges von der Schwalbe und dem Goldhaar.

Auch die Formeln der Betheuerung. Versicherung der Wahrheit des Erzählten etc. mögen hier erwähnt werden, da auch sie, bei der weitgehenden Anwendung, die unser Dichter von ihnen macht, etwas Subjektives, Persönliches, in seine Darstellung bringen. Alle Dichter unseres Mittelalters sahen in ihnen ein bequemes Mittel, den Vers zu füllen oder sich aus der Reimnoth zu helfen, doch keiner, Heinrich von Veldecke vielleicht ausgenommen. hat so reichlichen Gebrauch von ihnen gemacht wie Gottfried. Auch sie legen, soweit sie eben nicht rein metrischem Bedürfniss ihr Dasein verdanken, von der theilnahmevollen Wärme Zeugniss ab, mit der Gottfried, unbeschadet seiner spielenden Darstellungsmanier, seinem Stoffe gegenübersteht. Natürlich interessieren uns hier nur solche Betheuerungsformeln, die der Dichter, wo er selbst spricht. anwendet. nicht solche. die er seinen Personen in den Mund legt. Doch sollen auch die letzteren in Klammer hinzugesetzt werden. um über den Gebrauch im allgemeinen einen Ueberblick zu gewinnen. Es findet sich Folgendes:

weiz got[1] 276; 3796; 4929; 4998; 5088; (5164); 5674; 5847; 6251; 6818. 10073; (10443; 13974; 14774; 14778; 15988); 17832; 17936; 18010; (18558; 18593;) 19362; (19536). In den meisten Fällen ist es ein allgemeiner Gedanke, der durch *weiz got* bekräftigend eingeleitet wird.

got weiz (6433; 11634). *daz weiz got wol* (14784; 14906).

daz wizze got (1019, 14867).

durh got (1006; 6143).

sem mir got (1055; 2439); *sem mir got der guote* (10080), *der rîche* 5434; *sem mir got und mîn selbes lîp* (8520).

sô helfe iu got: 4656; 5082; (13736).

---

[1] Im „Sendschreiben an Lachmann" p. 66 weisst J. Grimm neben andern Uebereinstimmungen im Sprachgebrauch Heinrichs des Gleissners mit dem seines grösseren Landsmannes Gottfried auch auf das bei beiden häufige Vorkommen von *weiz got* hin, „während der grosse Haufe der übrigen Dichter gotweiz vorzieht."

sô dir got (8398; 9922).
durch gotes willen (10159; 10722).
wizze Krist (10444; 13445).
ich weiz ez wârez alse den tôt: 119; 5837 (:nôt); (9432; 10492; 19147; [:Isôt]); ich weiz ez alse mînen tôt: (14417).
ich weiz ez wârez alse den tac: 6646.
ich weiz wol 5238; 5246; 6519; 7377; (11619); 12362; 17895; ich weiz ez wol 11200; daz weiz ich wol 17270.
entriuwen daz verweiz ich wol 5861.
benamen dâ bin ich sicher an 13041.
ich enhân dâ keinen zwîvel an 5270.
deiswâr, ich weiz wol daz geschach 4101.
deiswâr: 4859; 4926; 5518; 6099; 6160); deiswâr wan daz hân ich gelesen 17900.
diu rede ist âne lougen 11244; daz ist unlougen (13985); âne lougen 12354.

zewâre: (1008; 1628; 3027; 3137; 3670); 4029; (4127; 4298); 5053; (6292; 6419; 6820; 6941; 7453); 7935; (8187; 8357; 8565; 9357; 9563; 9857; 9869; 9897; 10017; 10083; 10205; 10858; 10053; 11057; 11290; 11338; 13952; 13978; 14003; 14536; 14745; 15026; 16239; 16264; 17760; 18103; (18666); 16372.

entriuwen: (1037); 5254; (5416; 5448; 6827;) 7502; (8204; 8791; 9387; 9479; 9608; 9828; 9844; 10298; 10361; 10519; 10650; 12018; 12235; 12910); 13018; (13222; 13225; 14532; 14829; 14848; 15482; 15949; 15958; 16243; 17534 f.); 17882; 18229; 19255; 19284.

benamen: 143; 1812; 4702: (6175; 6785; 6806); 7312; (7462; 7793; 8197; 8789; 8806; 9107; 9234; 9638; 10459; 11967; 14277; 14707; 15954; 16312); 17855; 18114; (18265; 18667); 19070.